My first rhymes

Spielend Englisch lernen
mit Kinderreimen

Mit Bildern
von Marina Rachner

Ravensburger Buchverlag

Here we go round the mulberry bush,
the mulberry bush, the mulberry bush,
here we go round the mulberry bush,
on a cold and frosty morning.

This is the way we wash our clothes,
wash our clothes, wash our clothes,
this is the way we wash our clothes,
on a cold and frosty morning.

This is the way we wash our hands,
wash our hands, wash our hands,
this is the way we wash our hands,
on a cold and frosty morning.

Chook, chook, chook, chook, chook!
"Good morning, Mrs Hen.
How many chickens have you got?"
"Madam, I've got ten.
Four of them are yellow,
and four of them are brown,
and two of them are speckled red,
the nicest in the town."

The big brown hen and Mrs Duck
went walking out together;
they talked about all sorts of things
the farmyard and the weather.
But all I heard was: "Cluck! Cluck! Cluck!"
and "Quack! Quack! Quack!" from Mrs Duck.

"One, two, three, four, five,
once I caught a fish alive.
Six, seven, eight, nine, ten,
then I let it go again."
"Why did you let it go?"
"Because it bit my finger so."
"Which finger did it bite?"
"This little finger on the right."

Billy is blowing
his trumpet;

Bertie is banging a tin;

Betty is crying for mummy

and Bob has pricked Ben with a pin.

Baby is crying out loudly;
he's out on the lawn in his pram.

I am the only one silent
and I've eaten all of the jam.

Little silver aeroplane
up in the sky,
where are you going to
flying so high?
Over the mountains
over the sea.
Little silver aeroplane
please take me.

Clap your hands, clap your hands,
clap them just like me.

Touch your shoulders, touch your shoulders,
touch them just like me.

Shake your head, shake your head,
shake it just like me.

Clap your hands, clap your hands,
then let them quiet be.

On May Day we dance,
on May Day we sing,
for this is the day
we welcome the spring.

In August, when the days are hot,
I like to find a shady spot,
and hardly move a single bit
and sit
and sit
and sit
and sit!

Rain on the green grass,
and rain on the tree,
and rain on the house-top.
But not upon me!

Mary had a little lamb,
its fleece was white as snow;
and everywhere that Mary went
the lamb was sure to go.

It followed her to school one day,
that was against the rule;
it made the children laugh and play
to see a lamb at school.

And so the teacher turned it out,
but still it lingered near,
and waited patiently about
till Mary did appear.

"Why does the lamb love Mary so?"
the eager children cry.
"Why? Mary loves the lamb, you
know,"
the teacher did reply.

I can tie my shoe lace,

I can brush my hair,

I can wash my hands and face
and dry myself with care.

I can clean my teeth, too,

and fasten up my frocks.

I can say "How do you do"

and pull up both my socks.

There's something about me
that I'm knowing.
There's something about me
that isn't showing.
I'm growing!

Where are you going,
my little cat?
I am going to town,
to get me a hat.

What! A hat for a cat!
A cat get a hat!
Who ever saw a cat with a hat?

Bow-wow, says the dog,
mew, mew, says the cat,
grunt, grunt, goes the hog,
and squeak goes to rat.
Tu-whu, says the owl,
caw, caw, says the crow,
quack, quack, says the duck,
and what cuckoos say you know.

An elephant goes like this and that.
He's terrible big,
and he's terrible fat.
He has no fingers,
and he has no toes,
but, goodness gracious, what a nose!

Froggie, froggie.
Hoppity-hop!
When you get to the sea
you do not stop.
Plop!

Tall shop in the town,
lifts moving up and down.
Doors swinging round about,
people walking in and out.

Once I found a cherry stone,
I put it in the ground,
and when I came to look at it,
a tiny shoot I found.

I see the moon,
and the moon sees me;
god bless the moon,
and god bless me.

Roses are red,
violets are blue,
sugar is sweet,
and so are you.

Star light, star bright,
first star I see tonight,
I wish I may, I wish I might,
have the wish I wish tonight.

Spielanregung und Übersetzung

Wer mit Kindern die einzelnen englischen Verse spricht, wird schnell merken, dass sie sich schnell einprägen und jeder leicht einen rhythmischen Sprechgesang dazu findet. Viele der Verse fordern zum Mitmachen auf:
Erwähnte Geräusche und Bewegungen können nachgeahmt werden. Manche Strophen regen zum Mitzählen an und zum Zeigen und Benennen. Auftauchende Figuren lassen sich in verschiedenen Rollen mitsprechen und spielen. Es kann laut und leise zugehen, getanzt, getobt oder geflüstert werden. Der Fantasie und Kreativität sind keine Grenzen gesetzt. Und wem mal eine Vokabel fehlen sollte, für den folgen hier die rein inhaltlichen Übersetzungen.

Here we go round the maulbery bush

Hier gehen wir um den Maulbeerbusch herum,
den Maulbeerbusch, den Maulbeerbusch,
hier gehen wir um den Maulbeerbusch herum,
an einem kalten und frostigen Morgen.

So waschen wir unsere Hände,
waschen unsere Hände, waschen unsere Hände,
so waschen wir unsere Hände,
an einem kalten und frostigen Morgen.

So waschen wir unsere Kleidung,
waschen unsere Kleidung, waschen unsere Kleidung,
so waschen wir unsere Kleidung,
an einem kalten und frostigen Morgen.

Chook, chook, chook, chook, chook

„Guten Morgen, Frau Henne.
Wie viele Hühner haben Sie?"
„Madam, ich habe zehn.
Vier davon sind gelb
und vier sind braun
und zwei von ihnen sind rot gefleckt,
die hübschesten in der Stadt."

The big brown hen and Mrs Duck

Die große braune Henne und Frau Ente
gingen zusammen spazieren;
sie sprachen über alles Mögliche,
den Bauernhof und das Wetter.
Aber ich hörte nur: „Cluck! Cluck! Cluck!"
und „Quack! Quack! Quack!" von Frau Ente.

One, two, three, for, five

„Eins, zwei, drei, vier, fünf,
einmal fing ich einen lebendigen Fisch.
Sechs, sieben, acht, neun, zehn,
dann ließ ich ihn wieder frei."
„Warum ließest du ihn wieder frei?"
„Weil er mich in den Finger gebissen hat."
„In welchen Finger hat er gebissen?"
„In diesen kleinen Finger der rechten Hand."

Billy is blowing his trumpet

Billy bläst seine Trompete,
Bertie schlägt auf eine Dose,
Betty schreit nach Mama
und Bob hat Ben mit einer Nadel gepikst.
Das Baby schreit laut,
es ist draußen auf dem Rasen in seinem Kinderwagen.
Ich bin die einzig Ruhige
und habe die ganze Marmelade gegessen.

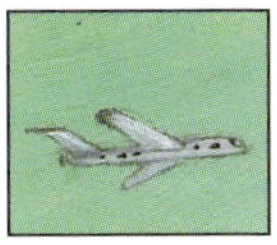

Little silver aeroplane

Kleines, silbernes Flugzeug
oben am Himmel,
wohin fliegst du
so hoch oben?
Über die Berge,
über das Meer.
Kleines, silbernes Flugzeug,
bitte nimm mich mit.

Clap your hands, clap your hands

Klatsch in die Hände, klatsch in die Hände,
klatsch so wie ich.

Berühr deine Schultern, berühr deine Schultern,
berühr sie so wie ich.

Schüttel deinen Kopf, schüttel deinen Kopf,
schüttel ihn so wie ich.

Klatsch in die Hände, klatsch in die Hände
und dann lass sie ruhig sein.

On May Day we dance

Am Ersten Mai tanzen wir,
am Ersten Mai singen wir,
weil dies der Tag ist,
an dem wir den Frühling begrüßen.

In August, when the days are hot

Im August, wenn die Tage heiß sind,
finde ich gerne einen schattigen Platz
und bewege mich fast gar nicht,
und sitze
und sitze
und sitze
und sitze!

Rain on the green grass

Regen auf dem grünen Gras
und Regen auf dem Baum
und Regen auf dem Hausdach,
aber nicht auf mir!

Mary had a little lamb

Mary hatte ein kleines Lamm,
seine Wolle war weiß wie Schnee;
und überall wohin Mary ging,
folgte ihr das Lamm.

Es folgte ihr eines Tages zur Schule,
das war gegen die Regeln;
es brachte die Kinder zum Lachen und Spielen,
als sie ein Lamm in der Schule sahen.

Und so brachte der Lehrer es nach draußen,
aber es lungerte weiter in der Nähe herum
und wartete geduldig,
bis Mary erschien.

„Warum hat das Lamm Mary so gern?“,
riefen die Kinder gespannt.
„Warum? Mary hat das Lamm so gern, wisst ihr“,
antwortete der Lehrer.

I can tie my shoe lace

Ich kann meine Schnürsenkel binden,
ich kann meine Haare bürsten,
ich kann meine Hände und meine Gesicht waschen
und mich sorgfältig abtrocknen.

Ich kann auch meine Zähne putzen
und meinen Rock zuknöpfen,
ich kann „Wie geht es dir?“ sagen
und beide Strümpfe hochziehen.

There's something about me

Es gibt etwas über mich,
was ich weiß.
Es gibt etwas über mich,
was man nicht sieht:
Ich wachse!

Where are you going

Wohin gehst du,
meine kleine Katze?
Ich geh in die Stadt,
um mir einen Hut zu besorgen.

Was! Ein Hut für eine Katze!
Eine Katze bekommt einen Hut!
Wer hat je eine Katze mit einem Hut gesehen?

**Bow-bow,
says the dog**

Wau, wau, sagt der Hund,
miau, miau, sagt die Katze,
grunz, grunz, macht das Schwein
und quiek macht die Ratte.
Hu, hu, sagt die Eule,
kräh, kräh, sagt die Krähe,
quak, quak, sagt die Ente
und was Kuckucke sagen, weißt du.

**An elephant goes
like this and that**

Ein Elefant geht so und so.
Er ist furchtbar groß
und furchtbar dick.
Er hat keine Finger
und keine Zehen,
aber, du liebe Güte, was für eine Nase!

Froggie, froggie

Kleiner Frosch, kleiner Frosch,
Hopp, hopp!
Wenn du zum See kommst,
stoppst du nicht.
Plumps!

Tall shop in the town

Großes Kaufhaus in der Stadt,
Aufzüge fahren hoch und runter.
Türen drehen sich herum,
Leute gehen ein und aus.

Once I found a cherry stone

Einmal fand ich einen Kirschkern,
ich steckte ihn in die Erde,
und als ich wieder kam, um nachzusehen,
fand ich einen kleinen Sprössling.

I see the moon

Ich sehe den Mond
und der Mond sieht mich;
Gott segne den Mond
und Gott segne mich.

Roses are red

Rosen sind rot,
Veilchen sind blau,
Zucker ist süß
und das bist du auch.

Star light, star bright

Heller Stern, leuchtender Stern,
erster Stern, den ich heute Nacht sehe,
ich wünschte, ich könnte, ich wünschte, ich dürfte,
den Wunsch erfüllt bekommen,
den ich heute Nacht wünsche.